赤い車

川越 文子 詩集
福田 岩緒 絵

JUNIOR POEM SERIES

大切な人のために流す涙は、
この世で一番あたたかい涙かもしれない
コロッケが
本名〈滝川広志〉として臨む初主演作
三世代にわたる、"見送るものたち"の誇りと絆
ゆずりは
滝川広志　柾木玲弥
原田佳奈　高林由紀子　大和田紗希　島かおり　勝部演之
原作：新谷亜貴子『ゆずりは』（銀の鈴社・刊）
監督：加門幾生　脚本：吉田順　久保田唱　題字：新谷碩雲
エグゼクティブプロデューサー：上野由洋　猪狩茂　三上周治　プロデューサー：市川篤　寺田元　ラインプロデューサー：牧義寛　キャスティングプロデューサー：渡辺茂
助監督：湯本信一　撮影：吉澤和晃　照明：江川斉　録音：土屋和之　装飾：山田好男　制作担当：鈴木勇　編集：金子尚樹　音楽：遠藤浩二　主題歌：森本ナムア「楪〜yuzuriha〜」(babycatrecords)
協力：千葉県　千葉県フィルムコミッション　千葉県八千代市　後援：八千代市商工会議所　特別協賛：安宅　協賛：全日本葬祭業協同組合連合会　制作プロダクション：北海道映画會　製作：「ゆずりは」製作委員会
企画・制作：アジアピクチャーズエンタテインメント　配給：エレファントハウス／アジアピクチャーズエンタテインメント
©「ゆずりは」製作委員会
新谷亜貴子の隠れた名著『ゆずりは』
〈生と死〉に真正面から向き合い、大切な人を見送る人々を描いた心揺さぶる原作の映画化

注文書

6月16日(土)全国順次ロードショー

映画「ゆずりは」原作本

『ゆずりは』 新谷亜貴子 著

定価1,400円+税　銀の鈴社刊

人は、なぜ生まれてくるのか。なんのために生きていくのか。どうして、死んでしまうのか。生あるものにどこまでも付いて回る命題を、葬儀社のベテラン社員である主人公と、その相棒となったイマドキ新入社員、それに、亡き人々とその遺族たちとの交流を通して感じ、考えさせてくれる物語。

【書店様へ】受注後、翌々日営業日には各取次様へ納品します。(トーハン番線含む)

書店様印 (書店様のみ)

アート&ブックス
㈱銀の鈴社　www.ginsuzu.com

〒248-0017
神奈川県鎌倉市佐助1-10-22 佐助庵
☎0467-61-1930 水曜・日曜・祝日定休
FAX0467-61-1931(24時間受付)

全国の書店、インターネット(Amazonなど)、または出版社(上記)でご注文いただけます。
※出版社へ直接ご注文の場合、合計金額5,000円未満(税別)は送料550円をいただきます。
但し離島・海外は別途となります。

『ゆずりは』 新谷亜貴子 著	定価1,400円+税　銀の鈴社刊 ISBN 978-4-87786-272-5 C0093	冊

氏名

住所(〒　　　　　　　　)　電話:

もくじ

Ⅲ　迷《まよ》い込《こ》んだ　秋

Ⅳ　雪景色の里を走る　冬

V

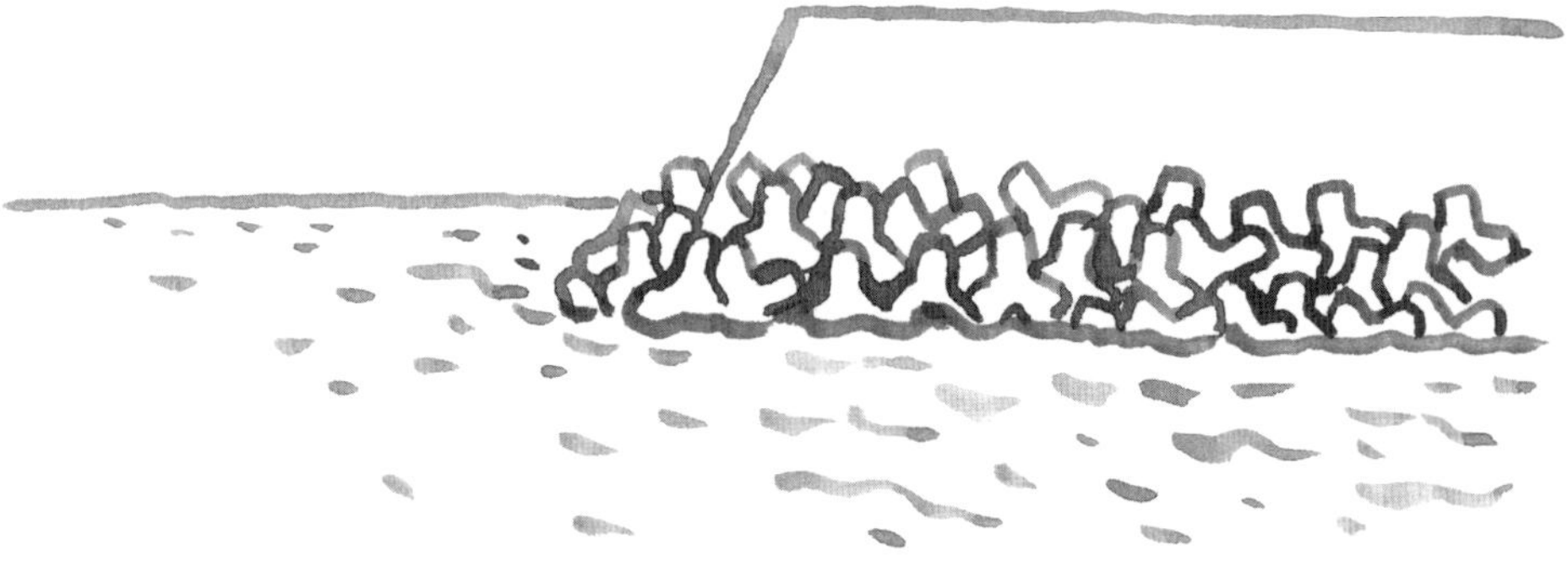

Ⅰ　伸《の》びをする　春

春

赤い車は伸《の》びをする
芽吹《めぶ》きはじめた草木にまけるものかと
エンジンをふかす
ぐいーん
また伸びをする
ぐいいーん
春

君が好き

赤い車くん
わたしは君が好き
何にでもいっしょうけんめいだから好き
泣くのもいっしょうけんめい
食べるのもいっしょうけんめい
勉強もいっしょうけんめい・・・かい？

走るのもいっしょうけんめい
話すのもいっしょうけんめい

無くしたものを捜《さが》すのもいっしょうけんめい

ほかにも
とにかく君は何でもいっしょうけんめい
だから好き

だってさ
何だっていっしょうけんめいやっていたら
さいごには笑えてくるんだよ
だから笑うのが好きな君が好き

仕事

赤い車は道を走るのが仕事なので
いつでも走っている　走れるように待機《たいき》している

いつでもガソリンを飲んでおく　それがないと動けないから

目はいつもひからせている　道に迷《まよ》うといけないから

車窓《しゃそう》の景色が気になるときもある
取捨選択《しゅしゃせんたく》をしてときどきは寄《よ》り道を楽しむ

それも走りつづけるためには必要なのだ
走ってさえいれば誰《だれ》を乗せてもいいことになっている
赤い車は友だちを乗せる

風を乗せる
ひかりを乗せる
花たちを乗せる
花ふぶきのなか
今日も走っている

だれの声

川ぞいの土手道《どてみち》も
赤い車の好きな道
今日《きょう》は
さくらが満開
風が吹《ふ》いて
舞《ま》う花びらが赤い車をつつむ
こんなとき聞こえる
—元気でいるか
　しっかり生きているか

だれだろう
だれの声だろう
あおい空を見あげてみる

やくそくをした

―きっと来る
赤い車は　やくそくをした
タンポポほいくえんの
あかちゃんたちと

―きっとまた歌おう
赤い車は　やくそくをした
雨あがりの電線
音符《おんぷ》のようなスズメのみんなと

―きっときっと　いつか乗ってくれよな
赤い車は　ブブッと鳴らした
ひかっている病院のまどから
手をふる　いつものあの子に

春の日

海ぞいの道は
岬《みさき》の突先《とっさき》でとつぜん空になる
あそこから先この世はないのかと
恐《おそ》る恐る突先まで来てみれば
なんのことはないまた次の入江《いりえ》があって
釣《つ》り糸を垂《た》れる人たちがいる
赤い車は大仰《おおぎょう》に怖《こわ》がっていた自分に照れて
また海ぞいの道を行く
春の日

ふしぎだ

赤い車は競争をしない　いつもみんなの後を走る
だけど不思議だね
いつも、いつも変わらない自分の走りが
先頭を走っているように思えるときがあるそうだ

乗せている

赤い車がずいぶんかがやくものを乗せて
走っている
「なんだーっ」
尋《たず》ねたら走りながら答えてくれた
「いのちーっ！」

Ⅱ　哲学《てつがく》する　夏

五月

赤い車
公園のブランコがこんなにも好きなのは
それが天から降《お》りてきている梯子《はしご》のように思えるからだ
幼《おさな》い子が無心にこいでいる
声があたりに響《ひび》いている
あたりに散っている
五月
人生にはこんなときもあるから嬉《うれ》しいと
赤い車

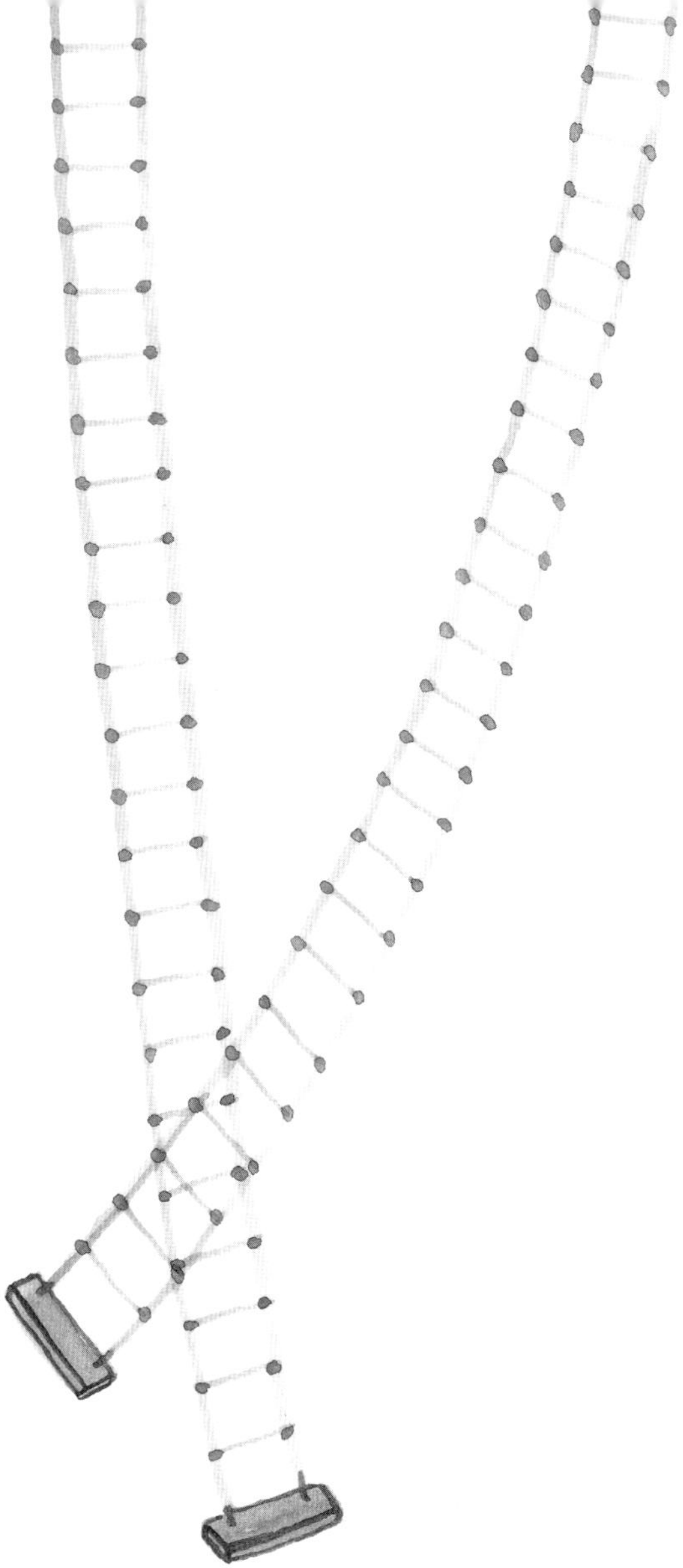

ながく見とれている

未来

もうすぐ赤い車が坂下にやってくる
その赤い車はいつもの車ではなくて
あかちゃんがのっている赤いワゴン車《しゃ》
こんにちは
あかちゃん

迸《ほとばし》る

赤い車は知っている
赤んぼうが何かをうったえる力のつよさ、を
それはどこの博士《はかせ》もどんな怪力《かいりき》の持ち主も決してかなわない
あんな小さな身体《からだ》で何の勲章《くんしょう》も身につけていないというのに
いのちが迸る全身だから

樹

赤い車は樹がすき
赤とみどりは
お互《たが》いをひきたてあう色だと　思うから
それに
樹たちはいつもどんなときでも
成長を見せてくれるから
負けてはいられないと
赤い車はきもちよく思う

初めて

赤い車は前方に上り坂を認《みと》めた
峠《とうげ》、だ
あのむこうには何があるのか
初めて、がある
アクセルを踏《ふ》んだ

雨粒《あまつぶ》

雨粒が赤い車を打っている
きょうは大粒だ　打つ方と打たれる方とが
ビシバシ　ボボボボ
音の出しあい
ここは雨の中の喧嘩《けんか》現場か！

けれども赤い車は
自分が大雨粒に負けないとわかっている
何故《なぜ》なら　この雨粒を

楽しんでいるから
それに
やまない雨はない

どうしても

どんなに
街のウインドーにまぶしく映《うつ》っていようとも
どんなに
田舎《いなか》の水を張《は》った田にくっきり映ろうとも
赤い車は知っている
自分で自分を見ることはできないのだ
どうしてもできないことは
確かにある

「よっ！」

赤い車に名前をつけたがる人がいる
コドモ、とか　　ジンセイ、とか　　ジカン、とか
ワタシ、とか・・・
勝手につけて呼んでくれたらいい
そしてどこかで見かけたら
ちょっと声をかけてくれたら嬉《うれ》しい
―よっ、赤い車！　元気か！
と

哲学《てつがく》

赤い車が
浜でぽつんと止まっている
あおい空
あおい海
白い砂《すな》
哲学している

Ⅲ　迷《まよ》い込《こ》んだ　秋

小道

松風や枯《か》れ枝《えだ》の落ちる音　雨の声
─ここはどこだろう　いや、どこだったろう
赤い車は迷《まよ》い込《こ》んでしまった
─ああここは、子どものころのあの小道だ・・・

夢《ゆめ》

夢をみた
知っている道だったり
知らない（テレビか何かで見ただけの）街だったり
空だったり
波の上だったり
風景はてんでばらばらなのに
赤い車だけはずっと登場している夢
つっ走《ぱし》る遠くの赤いワゴン車
―おーい、赤い車――っ

わたしが呼んだら
一瞬《いっしゅん》赤い車は止まった
が、すぐまた走りだす

ただわたしは
自分の声で目がさめてしまった
確かに、夢の中の話だ

こわごわ

青い空
土手《どて》の道を
赤い車が行く
赤い車だけが行く
爽快《そうかい》に楽しげに見えているんだろうな
向こう岸から見ると

ほんとうは車幅《しゃはば》ぎりぎりの細い道
―どうしてこんな道に入り込《こ》んだのだろう、わたし

こわごわの運転
赤い車

願い

小鳥が糞《ふん》をおとす、とか
道がぬかるんでいるのでタイヤがよごれる、とか
そんな小さなことが気になりだしたら
—今しあわせなんだ
と赤い車は思うことにしている
故障《こしょう》して動けなかったとき、動いてくれさえしたら、と
本気で願ったのだ　忘《わす》れてはいない

いてくれますように

晩秋《ばんしゅう》の曇《くも》り空
日暮《ひぐ》れ
いまにも雨粒が落ちてきそうな空
いつもの赤い車
きょうは遅《おそ》いなあ
と
心配しているわたしがここにいる

そんなに案《あん》ずるな

他にも気に病《や》むことはたくさんあるだろう
身体《からだ》をこわすぞ
と
心配しているわたしを心配しているだれかが
わたしの斜《なな》め上あたりに
いるのだろうか　いてくれますように

大きい

赤い車は　大きい
何故《なぜ》といって赤い車は行こうと思えば
空のはてまでも
地の底までも
ロケットに乗って宇宙《うちゅう》から眺《なが》めるほどの遠くへでも
行けるのだから
赤い車に
「こころ」という名をつけている人もいる

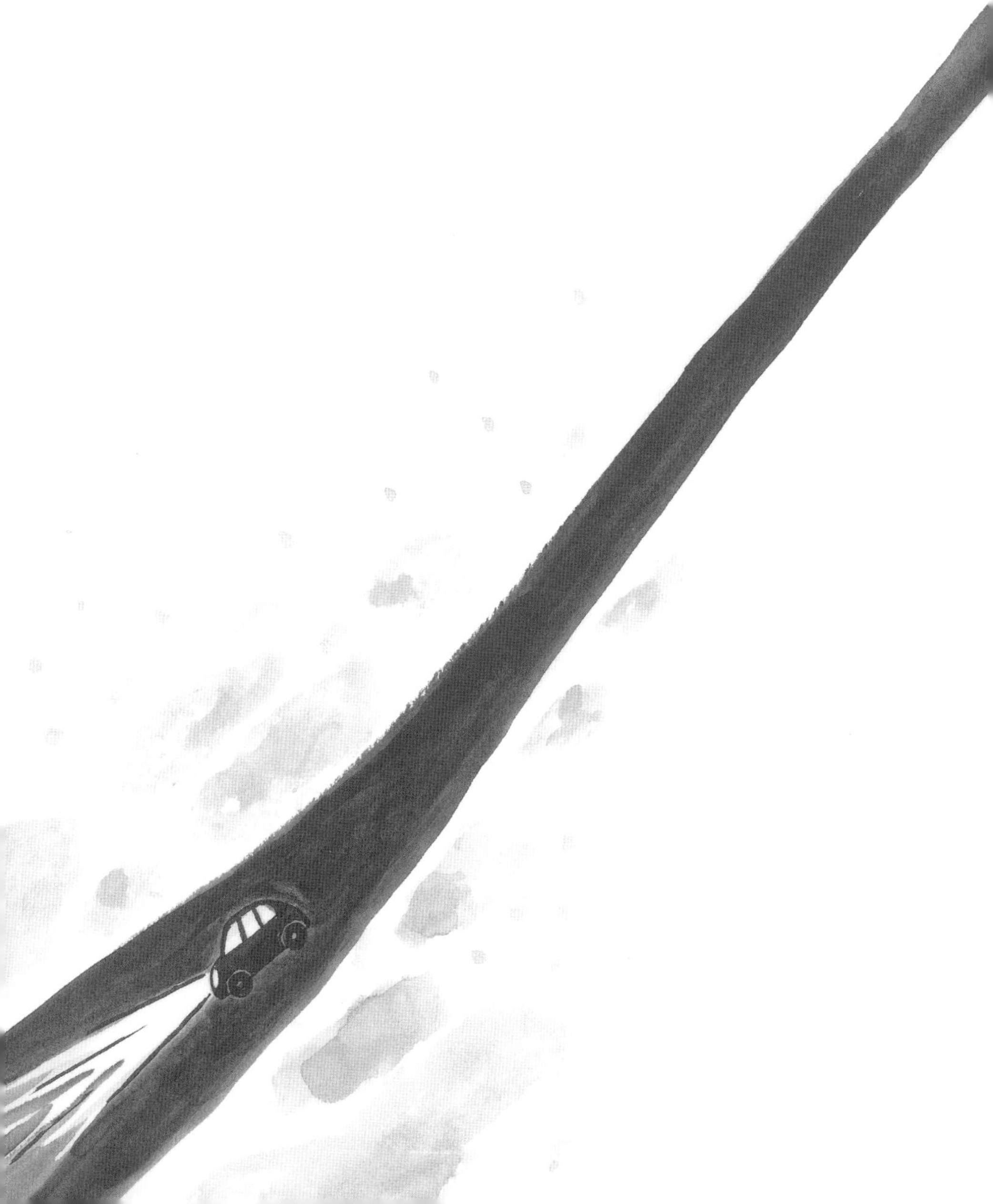

追う

高梁川《たかはしがわ》※ぞいの土手道《どてみち》を
赤い車が走っている
新幹線《しんかんせん》の高架《こうか》の向こう
それは豆粒《まめつぶ》ほどの赤だ
さっきここを走り降《お》りていった赤い車では
ないかもしれない
そうかもしれない

ないかもしれないのに
わたしの目が追っている
ゴマ粒ほどの
赤　を

※高梁川《たかはしがわ》　岡山県西部を流れる一級河川

錦《にしき》

赤い車は知っている
山々が錦の衣《ころも》をまとったこの季節
その山裾《やますそ》を行くとどんなに慰《なぐさ》められるかを
一年　精一杯《せいいっぱい》生きた証《あかし》の
錦

転校

あの子は父さんの転勤《てんきん》をちゃんと理解《りかい》しています。だから転校です。
でも今、後ろで教室の皆《みんな》が自分に向かって手を振《ふ》っていると思うと、
さびしくて振りむけないのです。
秋の風が、赤い車のところへ来てささやきました。
あの子を追いかけて伝えてやってくれ。
大きくなれ、と。

Ⅳ　雪景色の里を走る　冬

赤い車が走る

一面雪景色の白い里を
赤い車が走る
つめたそうなひかり
さらさら風にながされている雪
いつもよりうつくしく見える
赤い車

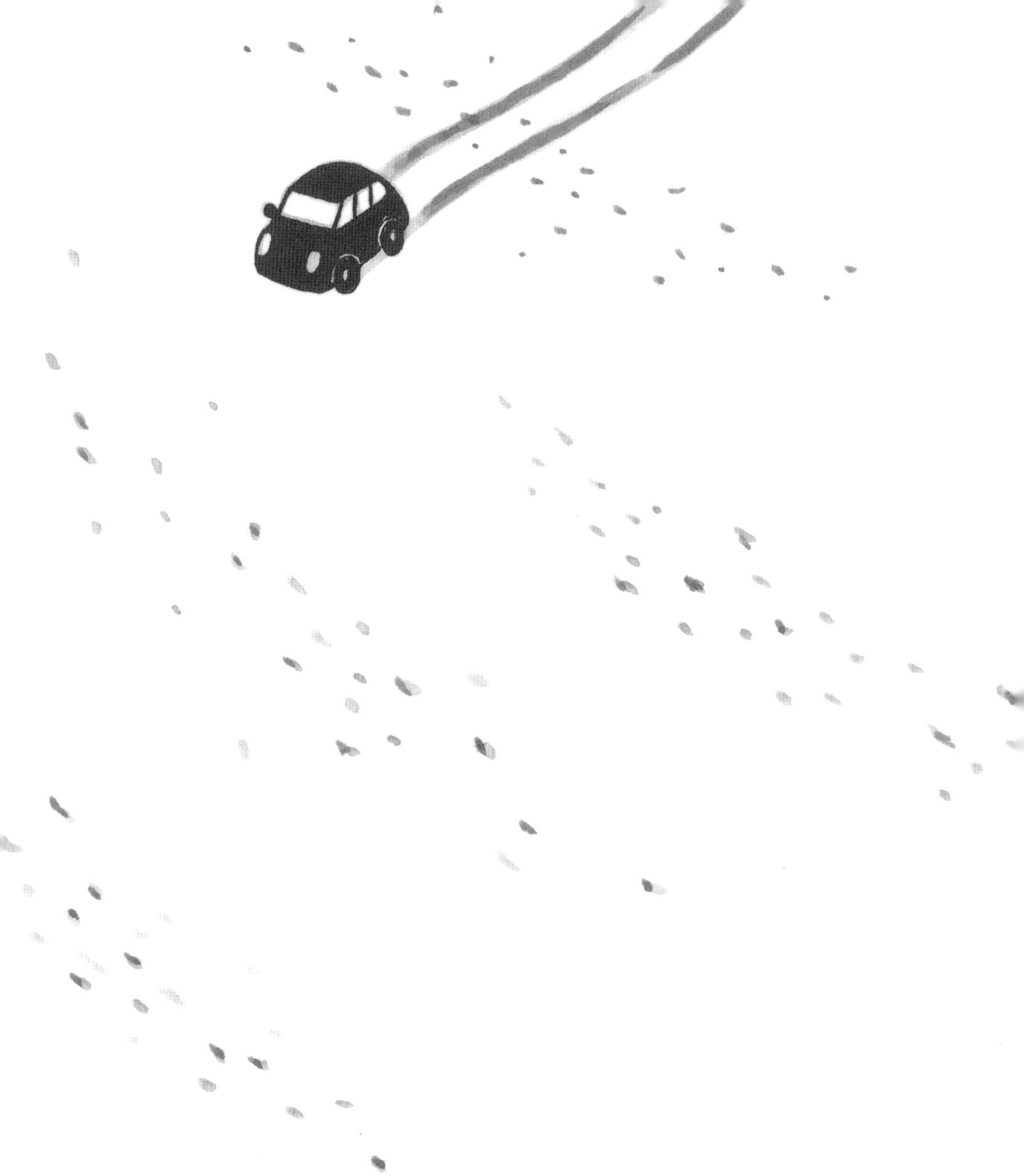

誇《ほこ》らしげ

「赤い車」「赤い車」・・・うの目たかの目でさがしていたら
何だか楽し気に走る赤い車を見つけた
郵便配達《ゆうびんはいたつ》の赤い車
小さいけれど仕事をしている車
誇らしげ

ふと

赤い車は
道を走っている。大地のうえを走っている。
なのに、ふと
自分があるもののうえに乗せられていて、走っているのはそのもの
　のような気がするときがある
そやつ、かなりのスピードなのだ
それに決して止まらない
「時」という
タフなやつ

じまん

赤い車のそばに
そっくりで新車の赤い車が来た
新しいことをじまんしたいらしいのだが
赤い車はもっとじまんしたい、今の自分を
小さなキズも褪《あ》せた色合いも
すべてじまんの種

会話

赤い車の前を
古い赤い車が行く
どうして古いことがわかるかというと
いかにもゆっくりの走り
たびたび止まってぽつりぽつりの話し方
だれと話しているの？
たずねたら、
まわりの景色だ、って。
とてもとても気持ちよさそうなので

赤い車もそうしてみた
自然と会話しながら行くことにした

知らぬまに

この頃《ごろ》赤い車はひとやすみするとき
誰《だれ》もいないところでやすむ
むかしはにぎやかなイベント会場などに停《と》めて
楽しんだものだが
今は静かな野っぱらなどでやすむ
そうすると自分で自分の中を見ることになる
そんなとき知らぬまに
車の中　宝物《たからもの》が増《ふ》えていることを知る

いのちという

いろんなところを走った
いろんなときを、走ってきた
赤い車、ふと思う

ちっとも前に進めない向かい風のときがあるから
風のないおだやかな日の走りが快適《かいてき》なことを知る
凍《い》てつく寒さの真冬という季節があるから
春のやわらかい陽射《ひざ》しが嬉《うれ》しい
誰《だれ》にも

死という、のがれられない別れがあるから
いま生きていることをありがたいと思う
いのち、という
ふしぎ

Ⅴ　走りつづける

走り抜《ぬ》けてきた

赤い車は
いま走りながらへんな気持ちになっている
何故《なぜ》ってさっきまで走っていた道の名は「昨日《きのう》」で
いま走っているこの道は「今日《きょう》」と名付けられている道

走っているのか　飛んでいるのか　それとも
自分は止まっているだけなのか
ややこしい
困《こま》ったことに赤い車は度々《たびたび》

この感触《かんしょく》におそわれる

はっきりわかっていることは
たくさんの昨日を
走り抜けてきたことだけ

別れ

二車線の坂道
ぐうぜん
赤い車が二台並《なら》んで走り降《お》りてきた
このぐうぜんを
車たちはどう思っているのだろう
追い越《こ》しもせず追い越されもせず

道はこの先
分かれる

そこで同じ方向に走ったとしても
先でまた分かれる
同じに同じに向かったとしても
向かったとしても

必ず
別れがくるものを

車たちは知ってか知らずか
執拗《しつよう》に
並んで走り降りていく

ひとりでは

赤い車はひとりで走ることが好きだけれども
ひとりっきりの世界がいいとは決して思っていない
もしそんな世界に置《お》かれたら
何もやる気がなくなってしまうことを知っている
ひとりでは生きていけない
いろんな車が走っているから　自分の走りがわかる

一切《いっさい》が

赤い車はよく
海岸沿《ぞ》いを走る
岩場の一本道のときは
昔《むかし》そこを命がけで歩いて通ったであろう人を想う
岬《みさき》を回って走りながら　大昔はそこが小島だったと知ると
大昔の人が浜へ降《お》りてきただろう小道をさぐる
石塁《せきるい》※に出あったときはそれが防塁跡《ぼうるいあと》だと知って
戦ってきた人たちを偲《しの》んだ

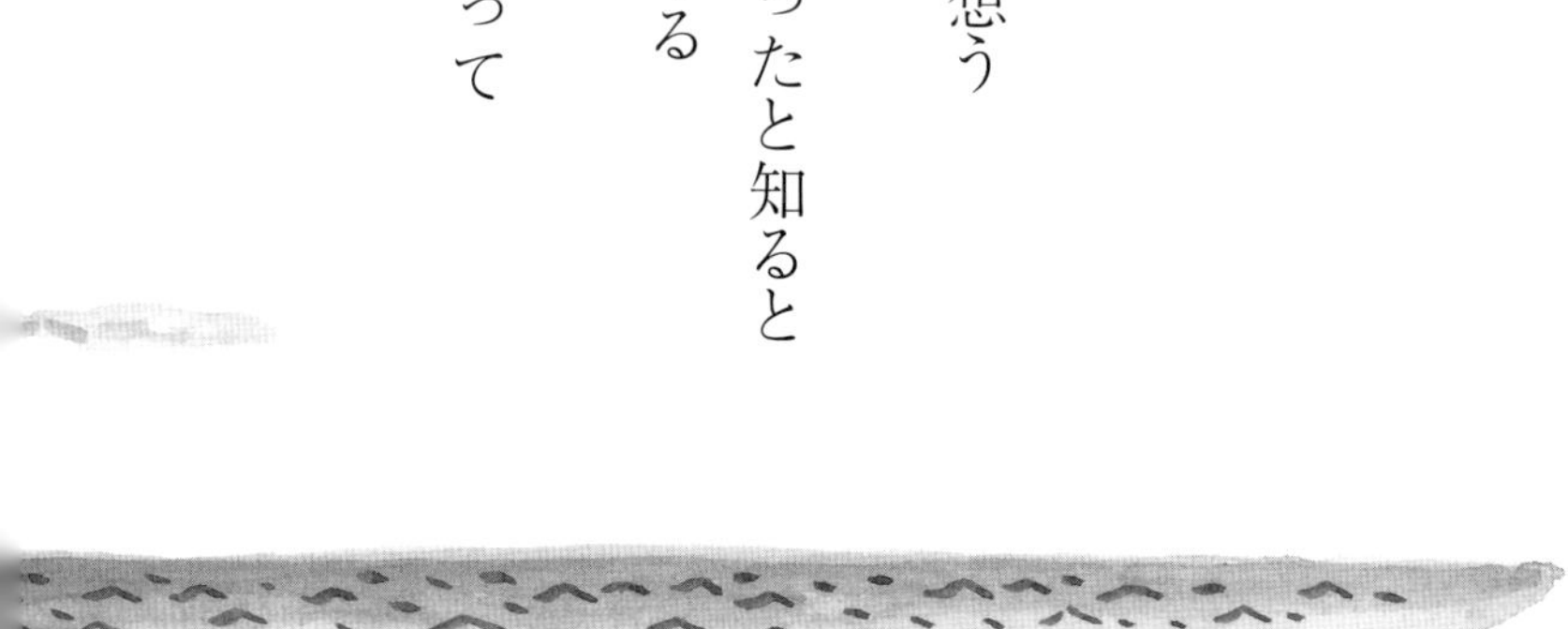

テトラポットの海岸線を走ったり
走りながら一文字《いちもんじ》※を見つけたりすると
人間の知恵と海の力との
折《お》り合いのつけ方だろうかと学んだ

いろいろ　いろいろ
海沿いの道を走った
季節外《はず》れの海水浴場《よくじょう》もよく訪《たず》ねた
そうして　赤い車は
空と海だけの景色に向きあった
一切が
そこにあった

※石塁　石を積み上げて造った防御用の土手
※一文字　一の字のようにまっすぐな防波堤

生き方

走りたいときに走り
止まりたいときに止まり
うつくしいものやかわいい者からいつも声をかけられ
いっしょに遊び
笑われても笑い返し
最低限必要なものだけ自分の持ちものとして――。
そういえば、昔《むかし》そんな生き方をしたえらいお坊《ぼう》さんがいた
「良寛《りょうかん》さまというんだよ。子どもにもとっても親しまれていた
　お坊さまさ」

赤い車はひとり言をこぼしながら
きょうもとんとん走っている

奥《おく》に

―見えるものの奥に
見たいものがある
赤い車は
走りつづける

風に訊《き》く

赤い車
傍《かたわ》らを流れる風に訊いたことがある
いつまで走っていればいいのだろうか、と
風はこたえてくれた
　いつまでかは　必ずわかるときがくる
それは誰《だれ》が教えてくれるのか？
風はこたえてくれた
　いや、きっと自分でもわかるさ。けれど

どうしたんだい？　走るのがいやにでもなったのかい？
そうじゃない、そうじゃないよ。しんどいときもあるけれど
楽しいときもあるから。ただ・・・
風に訊かれた
ただ、何だい？
何のために走っているのか　わからなくなるときがあってさ
風は、何を言っているんだ、とばかりに笑う
　走るために走っているのさ。そういうものさ。

あとがき

全部の詩に赤い車が登場しますが、これらの最初の一篇が書けたのは二〇〇六年秋でした。

育児真っ最中の母親が運転する赤い車を、迎えたり見送ったりして励ましているうちに、その車がごく自然に詩になって出てきたのです。

でも、その「赤い車」をもっと続けようと意識した詩作ではなかったのですが、それから後十年ものあいだ、赤い車は不定期に、様々な赤い車になって目の前に走り出てきました。

十年の間には、いろいろなことがありました。その度に、心の奥深くに閉じ込めていた想いが赤い車に託され詩となって溢れでてきている、そんな感じです。

例えば、夏の章の一篇「どうしても」が生まれたときの、詩のノートの日付を見つめていたときに、思いだした当時の心境。

それは私が、「あきらめの安らぎ」を手に入れたときの詩でした。しぶしぶのあきらめではなく、納得のあきらめです。そうして、手に入らないものを求めるより、今あるものに感謝しようと、気持ちが穏やかになれたのでした。

絵を、以前に児童書でご一緒した福田岩緒さまに希望しました。今回も生き生きした絵で叶えてくださったことを、感謝しています。

また、大変お世話になりました銀の鈴社の西野真由美さま、柴崎俊子さまに、お礼申しあげます。

二〇一八年　六月

川越文子

詩・川越文子（かわごえ　ふみこ）

1948年　岡山県に生まれる。

1987年～1995年　永瀬清子詩誌「黄薔薇」同人。

日本現代詩人会会員。日本児童文芸家協会会員。

詩集『生まれる』（編集工房ノア）、『ぼくの一歩ふしぎだね』（銀の鈴社）、『うつくしい部屋』（思潮社）、『もうすぐだからね』（銀の鈴社）、『対話のじかん』（思潮社）、『魔法のことば』（銀の鈴社）、『ときが風に乗って』（思潮社）。

童話に、『坂道は風の通り道』（くもん出版）、『モモタとおとぼけゴンベエ』（国土社）、『かこちゃん』、『お母さんの変身宣言』、『ジュウベエとあたし犯人を追う』、『ジュウベエと幽霊とおばあちゃん』（4冊ともに文研出版）、などがある。2014年　聖良寛文学賞受賞。

絵・福田岩緒（ふくだ　いわお）

1950年　岡山県に生まれる。

作品に、『モモタとおとぼけゴンベエ』（国土社）、『ママはしらないの？』（光村教育図書）、『しゅくだいさかあがり』（PHP研究所）、などがある。

NDC911
神奈川　銀の鈴社　2018
96頁 21cm（赤い車）

ジュニアポエムシリーズ　281　　2018年6月26日初版発行
本体1,600円＋税

赤い車

著　者　川越文子© 詩　福田岩緒© 絵
発行者　柴崎聡・西野真由美
編集発行　㈱銀の鈴社　TEL 0467-61-1930　FAX 0467-61-1931
〒248-0017　神奈川県鎌倉市佐助1-10-22佐助庵
http://www.ginsuzu.com
E-mail info@ginsuzu.com

ISBN978－4－86618－046－5 C8092　印刷　電算印刷
落丁・乱丁本はお取り替え致します　製本　渋谷文泉閣

…ジュニアポエムシリーズ…

1 鈴木 敏史詩集／宮下 琢郎・絵　星の美しい村　★☆
2 小池 知子詩集／高志 孝子・絵　おにわいっぱいぼくのなまえ　★☆
3 鶴岡千代子詩集／武田 淑子・絵　白い虹　児文芸新人賞
4 楠木しげお詩集／久保 雅勇・絵　カワウソの帽子
5 津坂 治男詩集／垣内 美穂・絵　大きくなったら　★◇
6 後藤れい子詩集／山本まつ子・絵　あくたれぼうずのかぞえうた
7 北村 蔦子詩集／柿本 幸造・絵　あかちんらくがき
8 吉田 瑞穂詩集／吉田 翠・絵　しおまねきと少年　⊠★◎
9 新川 和江詩集／葉 祥明・絵　野のまつり　★☆
10 阪田 寛夫詩集／織茂 恭子・絵　夕方のにおい　◈★☆○
11 高田 敏子詩集／若山 憲・絵　枯れ葉と星　★☆
12 原田 直友詩集／吉田 翠・絵　スイッチョの歌　★◎
13 小林 純一詩集／久保 雅勇・絵　茂作じいさん　◉★☆●◎
14 谷川俊太郎詩集／長 新太・絵　地球へのピクニック　★◎
15 与田 準一詩集／深沢 省三・深沢 紅子・絵　ゆめみることば　★

16 岸田 衿子詩集／中谷千代子・絵　だれもいそがない村
17 江間 章子詩集／榊原 直美・絵　水と風　◇◎
18 原田 直友詩集／小野 まり・絵　虹―村の風景―　★
19 福田 正夫詩集／福田 達夫・絵　星の輝く海　★☆
20 草野 心平詩集／長野ヒデ子・絵　げんげと蛙　★☆○◇
21 宮田 滋子詩集／青木まさる・絵　手紙のおうち　☆○
22 久保田昭三詩集／斎藤 彬子・絵　のはらでさきたい
23 鶴岡千代子詩集／加倉井和夫・武田 淑子・絵　白いクジャク　★●
24 尾上 尚子詩集／まど・みちお・絵　そらいろのビー玉　★☆児文協新人賞
25 水上 紅詩集／深沢 紅子・絵　私のすばる　☆
26 野呂 昶詩集／福島 一二三・絵　おとのかだん　★
27 こやま峰子詩集／武田 淑子・絵　さんかくじょうぎ　☆
28 青戸かいち詩集／駒宮 録郎・絵　ぞうの子だって
29 まきたかし詩集／福田 達夫・絵　いつか君の花咲くとき　★☆♡
30 薩摩 忠詩集／駒宮 録郎・絵　まっかな秋　★☆♡

31 新川 和江詩集／福島 一二三・絵　ヤァ！ヤナギの木　★☆○♡
32 井上 靖詩集／駒宮 録郎・絵　シリア沙漠の少年　★☆♡
33 古村 徹三 詩・絵　笑いの神さま
34 江上 波夫詩集／青空風太郎・絵　ミスター人類　○☆
35 秋原 秀夫詩集／鈴木 義治・絵　風の記憶　★◎
36 水村三千夫詩集／武田 淑子・絵　鳩を飛ばす
37 久冨 純江詩集／渡辺安芸夫・絵　風車　クッキングポエム
38 日野 生三詩集／吉野晃希男・絵　雲のスフィンクス　★
39 佐藤 雅子詩集／佐藤 太清・広瀬きよみ・絵　五月の風　★
40 小黒 恵子詩集／武田 淑子・絵　モンキーパズル　★
41 木村 信子詩集／山本 典子・絵　でていった
42 中野 栄子詩集／吉田 翠・絵　風のうた　☆
43 宮田 滋子詩集／牧村 慶子・絵　絵をかく夕日　★
44 大久保テイ子詩集／渡辺安芸夫・絵　はたけの詩　★☆
45 秋原 秀夫詩集／赤星 亮衛・絵　ちいさなともだち　♥

☆日本図書館協会選定（2015年度で終了）　●日本童謡賞　♧岡山県選定図書　◇岩手県選定図書
★全国学校図書館協議会選定（SLA）　♡日本子どもの本研究会選定　◆京都府選定図書
□少年詩賞　■茨城県すいせん図書　♥秋田県選定図書　⊠芸術選奨文部大臣賞
○厚生省中央児童福祉審議会すいせん図書　♣愛媛県教育会すいせん図書　◉赤い鳥文学賞　◈赤い靴賞

…ジュニアポエムシリーズ…

46 日友靖子詩集 藤城清治・安西明美・絵 猫曜日だから ◆☆
47 秋葉てる代詩集 武田淑子・絵 ハープムーンの夜に ♡
48 こやま峰子詩集 山本省三・絵 はじめのいーっぽ ★♡
49 黒柳啓子詩集 金子滋・絵 砂かけ狐 ♡
50 三枝ますみ詩集 武田淑子・絵 ピカソの絵 ☆♡●
51 夢虹二詩集 武田淑子・絵 とんぼの中にぼくがいる ♡○♥
52 はたちよしこ詩集 まど・みちお・絵 レモンの車輪 □♧
53 大岡信詩集 葉祥明・絵 朝の頌歌 ★☆♡♥◎
54 吉田瑞穂詩集 吉田翠・絵 オホーツク海の月 ★☆♡
55 さとう恭子詩集 村上保・絵 銀のしぶき ★☆♡
56 星乃ミミナ詩集 葉祥明・絵 星空の旅人 ★☆♡
57 葉祥明詩・絵 ありがとう そよ風 ★♡▲
58 青戸かいち詩集 初山滋・絵 双葉と風
59 小野ルミ詩集 和田誠・絵 ゆきふるるん ★☆●♡
60 なぐもはるき詩・絵 たったひとりの読者 ★♡♧

61 小関秀夫詩集 小倉玲子・絵 風《かざ》栞《しおり》 ★♡♥
62 海沼松世詩集 守下さおり・絵 かげろうのなか ☆♡
63 山本龍生詩集 小倉玲子・絵 春行き一番列車 ♡
64 小泉周二詩集 深沢省三・絵 こもりうた ★☆♡
65 かわてせいぞう詩集 若山憲・絵 野原のなかで ♡★♥
66 えぐちまき詩集 赤星亮衛・絵 ぞうのかばん ♡◆♥
67 池田あきつ詩集 小倉玲子・絵 天気雨 ♡
68 藤井則行詩集 君島美知子・絵 友へ ♡♤
69 藤哲生詩集 武田淑子・絵 秋いっぱい ★♠
70 日友靖子詩集 深沢紅子・絵 花天使を見ましたか ★
71 吉田瑞穂詩集 吉田翠・絵 はるおのかきの木 ★
72 小島禄琅詩集 中村陽子・絵 海を越えた蝶 ☆★♥♡
73 にしおまさこ詩集 杉田幸子・絵 あひるの子 ★
74 山下竹二詩集 徳田徳志芸・絵 レモンの木 ★
75 高崎乃理子詩集 奥山英俊・絵 おかあさんの庭 ★♡

76 檜きみこ詩集 広瀬弦・絵 しっぽいっぽん ★●□☆♡
77 たかはしけいこ詩集 高田三郎・絵 おかあさんのにおい ♡♣□
78 星乃ミミナ詩集 深澤邦朗・絵 花かんむり ♥☆♡
79 佐藤照雄詩集 津波信久・絵 沖縄 風と少年 ☆♡★
80 相馬梅子詩集 やなせたかし・絵 真珠のように ♥★
81 小島禄琅詩集 深沢紅子・絵 地球がすきだ ★
82 鈴木美智子詩集 黒澤梧郎・絵 龍のとぶ村 ◇★♥
83 いがらしれいこ詩集 高田三郎・絵 小さなてのひら ☆
84 宮入黎子詩集 小倉玲子・絵 春のトランペット ☆★
85 下田喜久美詩集 方振寧・絵 ルビーの空気をすいました ☆
86 野呂昶詩集 方振寧・絵 銀の矢ふれふれ ★
87 ちよはらまちこ詩集 ちよはらまちこ・絵 パリパリサラダ ★
88 秋原秀夫詩集 徳田徳志芸・絵 地球のうた ☆★
89 中島あやこ詩集 井上緑・絵 もうひとつの部屋 ★
90 藤川こうのすけ詩集 葉祥明・絵 こころインデックス ☆

✤サトウハチロー賞　♣毎日童謡賞
☼三木露風賞
♤福井県すいせん図書
▲神奈川県児童福祉審議会推薦優良図書
♠奈良県教育研究会すいせん図書
♧北海道選定図書　✿三越左千夫少年詩賞
◇静岡県すいせん図書
◎学校図書館図書整備協会選定図書（SLBA）

…ジュニアポエムシリーズ…

No.	詩	絵	書名	
91	新井 和詩集	高田 三郎・絵	おばあちゃんの手紙	☆★
92	はなわたえこ詩集	えばとかつこ・絵	みずたまりのへんじ	★●
93	柏木恵美子詩集	武田 淑子・絵	花のなかの先生	☆
94	中原千津子詩集	寺内 直美・絵	鳩への手紙	★
95	髙瀬美代子詩集	小倉 玲子・絵	仲なおり	★
96	杉本深由起詩集	若山 憲・絵	トマトのきぶん	☆★◎ 児文芸新人賞
97	宍倉さとし詩集	守下さおり・絵	海は青いとはかぎらない	♧
98	石井 英行詩集	有賀 忍・絵	おじいちゃんの友だち	■
99	なかのひろ詩集	アサト・シェラ・絵	とうさんのラブレター	☆★
100	小松 静江詩集	藤川 秀之・絵	古自転車のバットマン	
101	石原 一輝詩集	加藤 真夢・絵	空になりたい	☆✥★
102	小泉 周二詩集	西 真里子・絵	誕生日の朝	☆■★
103	くすのきしげのり童謡	わたなべあきお・絵	いちにのさんかんび	☆★
104	成本 和子詩集	小倉 玲子・絵	生まれておいで	☆★✥♡♧
105	伊藤 政弘詩集	小倉 玲子・絵	心のかたちをした化石	★
106	川崎 洋子詩集	井戸 妙子・絵	ハンカチの木	□★☆
107	柘植 愛子詩集	油野 誠一・絵	はずかしがりやのコジュケイ	✥
108	新谷智恵子詩集	葉 祥明・絵	風をください	☆◈☼●♡✣
109	金親 尚子詩集	牧 進・絵	あたたかな大地	☆
110	黒柳 啓子詩集	吉田 翠・絵	父ちゃんの足音	☆★♡□
111	富田 栄子詩集	油野 誠一・絵	にんじん笛	♡☆
112	原 国子詩集	高畠 純・絵	ゆうべのうちに	☆△
113	宇部 京子詩集	スズキコージ・絵	よいお天気の日に	○□●☆◇★
114	武鹿 悦子詩集	牧野 鈴子・絵	お花見	☆□
115	山本なおこ詩集	梅田 俊作・絵	さりさりと雪の降る日	☆★
116	小林比呂古詩集	おおた慶文・絵	ねこのみち	☆
117	後藤れい子詩集	渡辺あきお・絵	どろんこアイスクリーム	☆
118	重清 良吉詩集	高田 三郎・絵	草の上	☆□֍◆★
119	宮中 雲子詩集	西 真里子・絵	どんな音がするでしょか	✼★
120	前山 敬子詩集	若山 憲・絵	のんびりくらげ	☆★
121	川端 律子詩集	若山 憲・絵	地球の星の上で	♡
122	たかはしけいこ詩集	織茂 恭子・絵	とうちゃん	♡֍♣★
123	宮田 滋子詩集	深澤 邦朗・絵	星の家族	☆●
124	国沢たまき詩集	唐沢 静・絵	新しい空がある	
125	池田あきつ詩集	小倉 玲子・絵	かえるの国	★
126	黒田 恵子詩集	倉島千賀子・絵	ボクのすきなおばあちゃん	☆★♡
127	垣内 磯子詩集	宮崎 照代・絵	よなかのしまうまバス	☆♡★
128	小泉 周二詩集	佐藤 平八・絵	太陽へ	֍★●☆♡
129	中島 和子詩集	秋里 信子・絵	青い地球としゃぼんだま	☆★
130	のろさかん詩集	福島 一二三・絵	天のたて琴	☆
131	加藤 丈夫詩集	葉 祥明・絵	ただ今受信中	☆★
132	北原 悠子詩集	深沢 紅子・絵	あなたがいるから	♡
133	池田もと子詩集	小倉 玲子・絵	おんぷになって	♡
134	鈴木 初江詩集	吉田 翠・絵	はねだしの百合	★
135	垣内 磯子詩集	今井 俊・絵	かなしいときには	★

△長野県教育委員会すいせん図書　✡㈶日本動物愛護協会推薦図書
◈茨城県推奨図書

…ジュニアポエムシリーズ…

…ジュニアポエムシリーズ…

181 新谷智恵子詩集 徳田徳志芸・絵 とびたいペンギン 佐世保文学賞 ♡★◎▲
182 牛尾良子詩集 牛尾征治・写真 庭のおしゃべり ♡★◎
183 三枝ますみ詩集 髙見八重子・絵 サバンナの子守歌 ☆★
184 佐藤雅子詩集 佐藤太清・菊池治子・絵 空の牧《まき》場《ば》 ☆★♡■◎◈
185 山内弘子詩集 おぐらひろかず・絵 思い出のポケット ♡★●
186 山内弘子詩集 阿見みどり・絵 花の旅人 ♡★▲
187 原国子詩集 牧野鈴子・絵 小鳥のしらせ ♡★△◎
188 人見敬子詩・絵 方《はこ》舟《ぶね》地球号 —いのちは元気— ♡★◎
189 林佐知子詩集 串田敦子・絵 天にまっすぐ ★☆♡◎
190 小臣富子詩集 渡辺あきお・絵 わんさかわんさかどうぶつさん ✡♡★◎
191 川越文子詩集 かまだちえみ・写真 もうすぐだからね ♡★◎
192 永田喜久男詩集 武田淑子・絵 はんぶんごっこ ☆★◎♡
193 吉田房子詩集 大和田明代・絵 大地はすごい ★◎♡
194 石井春香詩集 髙見八重子・絵 人魚の祈り ★♡
195 石原一輝詩集 小倉玲子・絵 雲のひるね ♡

196 たかはしけいこ詩集 髙橋敏彦・絵 そのあと ひとは ★
197 宮田滋子詩集 おおた慶文・絵 風がふく日のお星さま ★♡◎
198 渡辺恵美子詩集 つるみゆき・絵 空をひとりじめ ★♡●
199 宮中雲子詩集 西真里子・絵 手と手のうた ★
200 杉本深由起詩集 太田大八・絵 漢字のかんじ ★♡⊛
201 井上灯美子詩集 唐沢静・絵 心の窓が目だったら ★♡
202 峰松晶子詩集 おおた慶文・絵 きばなコスモスの道 ★♡
203 高橋文子詩集 山中桃子・絵 八丈太鼓 ★♡
204 長野貴子詩集 武田淑子・絵 星座の散歩 ★♡
205 江口正子詩集 髙見八重子・絵 水の勇気 ♡☆★
206 藤本美智子詩・絵 緑のふんすい ☆♡★
207 林佐知子詩集 串田敦子・絵 春はどどど ♡★◎
208 小関秀夫詩集 阿見みどり・絵 風のほとり ☆♡★
209 宗美津子詩集 宗信寛・絵 きたのもりのシマフクロウ ♡★
210 かわてせいぞう詩集 髙橋敏彦・絵 流れのある風景 ☆♡★

211 土屋律子詩集 高瀬のぶえ・絵 ただいまぁ ★♡☆◎
212 永田喜久男詩集 武田淑子・絵 かえっておいで ☆♡★
213 みたみちこ詩集 牧進・絵 いのちの色 ♡★
214 糸永えつこ詩集 糸永わかこ・絵 母です 息子です おかまいなく ♡☆★
215 宮田滋子詩集 武田淑子・絵 さくらが走る ♡☆★●
216 柏木恵美子詩集 吉野晃希男・絵 ひとりぽっちの子クジラ ♡★◎
217 江口正子詩集 髙見八重子・絵 小さな、勇気 ♡☆★
218 井上灯美子詩集 唐沢静・絵 いろのエンゼル ★♡
219 中島あやこ詩集 日向山寿十郎・絵 駅伝競走 ★☆♡
220 高橋孝治詩集 髙見八重子・絵 空の道 心の道 ★♡
221 江口正子詩集 日向山寿十郎・絵 勇気の子 ♡☆★
222 宮田滋子詩集 牧野鈴子・絵 白鳥よ ☆★
223 井上良子詩集 銅版画 太陽の指環 ★
224 川越文子詩集 山中桃子・絵 魔法のことば ♡☆★
225 西本みさこ詩集 上司かのん・絵 いつもいっしょ ☆♡

…ジュニアポエムシリーズ…

226 おばらいちこ詩集 高見八重子・絵 ぞうのジャンボ ☆★♡
227 吉田房子詩集 本田あまね・絵 まわしてみたい石臼 ★♡
228 吉田房子詩集 阿見みどり・絵 花 詩 集 ★♡◎
229 田中たみ子詩集 唐沢静・絵 へこたれんよ ★◎
230 林佐知子詩集 串田敦子・絵 この空につながる ★♡
231 藤本美智子 詩・絵 心のふうせん ★♡
232 火星雅範詩集 西川律子・絵 ささぶねうかべたよ ★♡▲
233 吉田房子詩集 岸田歌子・絵 ゆりかごのうた ★♡
234 むらかみみちこ詩集 むらかみみちこ むらかみあくる・絵 風のゆうびんやさん ★♡
235 白谷玲花詩集 阿見みどり・絵 柳川白秋めぐりの詩 ★♡
236 ほさかとしこ詩集 内山つとむ・絵 神さまと小鳥 ★☆♡
237 内田麟太郎詩集 長野ヒデ子・絵 まぜごはん ☆★◎♡▲
238 小林比呂古詩集 出口雄大・絵 きりりと一直線 ♡★
239 牛尾良子詩集 おぐらひろかず・絵 うしの土鈴とうさぎの土鈴 ★◎♡
240 山本純子詩集 ルイコ・絵 ふ ふ ふ ★♡☆◎

241 神田亮 詩・絵 天使の翼 ★☆♡
242 かんざわみえ詩集 阿見みどり・絵 子供の心大人の心さ迷いながら ☆★◎▲
243 永田喜久男詩集 内山つとむ・絵 つながっていく ★☆♡
244 浜野木碧 詩・絵 海原散歩 ☆★◎♡
245 やまうち・しゅうへい詩集 山本省三・絵 風のおくりもの ☆★◎♡
246 すぎもとれいこ 詩・絵 てんきになあれ ★◎
247 冨岡みち詩集 加藤真夢・絵 地球は家族 ひとつだよ ♡☆◎★
248 北野千賀詩集 滝波裕子・絵 花束のように ♡☆★◎
249 石原一輝詩集 加藤真夢・絵 ぼくらのうた ♡★◎
250 土屋律子詩集 高瀬のぶえ・絵 まほうのくつ ♡☆★◎
251 津坂治男詩集 井上良子・絵 白い太陽 ☆♡★◎
252 石井英行詩集 よしだちなつ・表紙絵 野原くん ☆★♡◎▲
253 井上灯美子詩集 唐沢静・絵 たからもの ☆♡★
254 大竹典子詩集 加藤真夢・絵 おたんじょう ☆★
255 たかはしけいこ詩集 織茂恭子・絵 流れ星 ★♡

256 谷川俊太郎詩集 下田昌克・絵 そして ♡★◎
257 なんば・みちこ詩集 布下満・絵 トックントックン大空で大地で ★◎
258 宮本美智子詩集 阿見みどり・絵 夢の中に そっと ★◎♡
259 成本和子詩集 阿見みどり・絵 天使の梯子 ★◎
260 海野文音詩集 牧野鈴子・絵 ナンドデモ ★♡
261 熊谷本郷詩集 永田萠・絵 かあさん かあさん ★♡
262 大楠翠詩集 吉野晃希男・絵 おにいちゃんの紙飛行機 ★♡●
263 久保恵子詩集 たかせちなつ・絵 わたしの心は 風に舞う ★♡
264 みずかみさやか詩集 葉祥明・絵 五月の空のように ★♡
265 尾崎昭代詩集 中辻アヤ子・絵 たんぽぽの日 ★
266 はやしゆみ詩集 渡辺あきお・絵 わたしはきっと小鳥 ★
267 田沢節子詩集 永田萠・絵 わき水ぷっくん △★♡
268 柘植愛子詩集 そねはらまさえ・絵 赤いながぐつ ★♡
269 馬場与志子詩集 日向山寿十郎・絵 ジャンケンポンでかくれんぼ ♡★
270 内田麟太郎詩集 高畠純・絵 たぬきのたまご ★

…ジュニアポエムシリーズ…

271 むらかみみちこ 詩・絵 家族のアルバム★
272 井上 和子詩集 吉田 瑠美・絵 風のあかちゃん★
273 佐藤 一志詩集 日向山寿十郎・絵 自然の不思議♡
274 小沢 千恵 詩・絵 やわらかな地球♡
275 あべこうぞう詩集 大谷さなえ・絵 生きているしるし♡
276 宮田 滋子詩集 田中 槇子・絵 チューリップのこもりうた
277 林 佐知子詩集 葉 祥明・絵 空の日
278 いしがいようこ 詩・絵 ゆれる悲しみ
279 村瀬 保子詩集 武田 淑子・絵 すきとおる朝
280 あわゆりこ詩集 高畠 純・絵 まねっこ
281 川越 文子詩集 福田 岩緒・絵 赤い車
282 白石はるみ詩集 かないゆみこ・絵 エリーゼのために
283 尾崎 杏子詩集 日向山寿十郎・絵 ぼくの北極星

＊刊行の順番はシリーズ番号と異なる場合があります。

ジュニアポエムシリーズは、子どもにもわかる言葉で真実の世界をうたう個人詩集のシリーズです。

本シリーズからは、毎回多くの作品が教科書等の掲載詩に選ばれており、1974年以来、全国の小・中学校の図書館や公共図書館等で、長く、広く、読み継がれています。

心を育むポエムの世界。

一人でも多くの子どもや大人に豊かなポエムの世界が届くよう、ジュニアポエムシリーズはこれからも小さな灯をともし続けて参ります。

銀の小箱シリーズ

- 葉 祥明・詩・絵　小さな庭
- 若山 憲・詩・絵　白い煙突
- こばやしひろこ・詩 うめざわのりお・絵　みんななかよし
- 江口 正子・詩 油野 誠一・絵　みてみたい
- やなせたかし 詩・絵　あこがれよなかよくしよう
- 冨岡 みち・詩 関口 コオ・絵　ないしょやで
- 小林比呂古・詩 神谷 健雄・絵　花かたみ
- 小泉 周二・詩 辻 友紀子・絵　誕生日・おめでとう
- 柏原 耿子・詩 阿見みどり・絵　アハハ・ウフフ・オホホ★♡▲
- こばやしひろこ・詩 うめざわのりお・絵　ジャムパンみたいなお月さま★▲

銀の鈴文庫

- 小沢 千恵・詩 下田 昌克・絵　あのこ♡

すずのねえほん

- たかはしけいこ・詩 中釜浩一郎・絵　わたし★◎
- 尾上 尚子・詩 小倉 玲子・絵　ぽわぽわん
- 糸永えつこ・詩 高見八重子・絵　はるなつあきふゆもうひとつ★ 児文芸新人賞
- 山口 敦子・詩 高橋 宏幸・絵　ばあばとあそぼう
- あらい・まさはる・童謡 しのはられみ・絵　けさいちばんのおはようさん
- 佐藤 雅子・詩 佐藤 太清・絵　こもりうたのように● 日本童謡賞　美しい日本の12ヵ月
- 柏木 隆雄・詩 やなせたかし他・絵　かんさつ日記★♡

アンソロジー

- 渡辺 浦人・編 村上 保・絵　赤い鳥 青い鳥●
- わたげの会・編 渡辺あきお・絵　花ひらく★
- 木曜会・編 西 真里子・絵　いまも星はでている★
- 木曜会・編 西 真里子・絵　いったりきたり♡
- 木曜会・編 西 真里子・絵　宇宙からのメッセージ
- 木曜会・編 西 真里子・絵　地球のキャッチボール★◎
- 木曜会・編 西 真里子・絵　おにぎりとんがった☆★◎
- 木曜会・編 西 真里子・絵　みぃーつけた♡★◎
- 木曜会・編 西 真里子・絵　ドキドキがとまらない
- 木曜会・編 西 真里子・絵　神さまのお通り★
- 木曜会・編 西 真里子・絵　公園の日だまりで★♡
- 木曜会・編 西 真里子・絵　ねこがのびをする♡★

掌の本 アンソロジー

- こころの詩 I
- しぜんの詩 I
- いのちの詩 I
- ありがとうの詩 I
- 詩集 希望
- 詩集 家族
- いのちの詩集—いきものと野菜
- ことばの詩集—方言と手紙
- 詩集—夢・おめでとう
- 詩集—ふるさと・旅立ち

心に残る本を　そっとポケットに　しのばせて…
・A7判（文庫本の半分サイズ）　・上製、箔押し